외로움의 깊이

문학세계대표작가선 807

외로움의 깊이

오병훈 제2시집

인쇄 1판 1쇄　2017년　3월　23일
발행 1판 1쇄　2017년　3월　30일

지 은 이 : 오병훈
펴 낸 이 : 김천우
펴 낸 곳 : 도서출판 천우
등　　록 : 1992. 2. 15. 제1-1307호
주　　소 : 서울시 성동구 무학봉28길 6 금용빌딩 2F
전　　화 : 02)2298-7661
팩　　스 : 02)2298-7665
http://www.moonhaknet.com
E-mail : chunwo@hanmail.net

값 10,000원

ISBN 978-89-7954-668-2

이 도서의 국립중앙도서관 출판예정도서목록(CIP)은 서지정보유통지원시스템 홈페이지(http://seoji.nl.go.kr)와 국가자료공동목록시스템(http://www.nl.go.kr/kolisnet)에서 이용하실 수 있습니다. (CIP제어번호: CIP2017007129)

외로움의 깊이

오병훈 제2시집

"
만나고 싶지 않았다 만나야만 했다
"

도서출판 천우

시인의 말

대부분의 사람들에게는 직업이 있다 요즘은 백수도
많지만 말이다 나도 젊었을 적에는 공무원도 했고
회사원도 했다 지금은 말이 좋아 시인이지 사실은
백수나 다름없다 누군가 내게 "직업이 어떻게
되십니까?"라고 물어오면 과연 나는 "나, 시인이요."
라고 대답할 수 있을까?

6년 만에 두 번째 시집을 내게 되었다 신문기자가
꿈이었던 나는, 대학에 들어가서 학보사 수습기자가
되었다 경험해본 바 기자생활은 나와 맞지 않았다
나의 꿈은 시와 소설을 쓰는 작가로 바뀌었다
끝내 소설은 쓰지 못했지만 겨우 시인이 되었다
절반은 꿈을 이루었으니 성공했다고 해야 하나?

첫 번째 시집에 이어 이번에도 그림을 그려준
동생 진이와 조카 서연이에게 고마움을 전한다

2017년 3월

오병훈

제1부

싸구려 시인의 일기

제2부

봄처녀들

제3부

지나간 사람들

제4부

신념에 대하여

제5부

너희들에게

제1부

싸구려 시인의 일기

선택

여자는, 시를 쓴다는 내게
시집은 많이 팔리지 않는다고 얘기했다
나는, 돈이 필요한 건 사실이지만
그래도 전부는 아니라고 말해주었다
만약에 신이, 많은 돈을 갖는 것과
가치 있는 시 한 편을 써내는 일 중에
한 가지를 선택하라면 나는, 망설이지 않고
시 쓰는 것을 선택할 것이라고 말해주었다

여자에게,

싸구려 시인의 일기

1

내 시는 싸구려다 말하자면, 돈이 없어서 명품을 사지 못하는 것처럼 재능이 없어서 어려운 시를 쓰지 못한다 나는 싸구려 시인이다

2

흰옷을 입은 사기꾼과 검은 옷을 입은 사기꾼이 한판 붙는 아침, 살쾡이처럼 생긴 사기꾼이 둘의 싸움을 구경하고 있다

3

안개가 자욱하게 깔린 아침이면 겨드랑이가 가렵다 이상의 「날개」처럼 날아보고 싶은 것이다 그러나 나는 쓸쓸히 담배나 피우면서 귀가할 뿐, 날지 못한다

4

공수부대원들의 발길질은 겨울까지 계속되었다 나는, 고독이라는 역(驛)에 도착하였다 뜨거운 태양 아래 이글거리는 불길, 나는 차라리 그 불길이 되고 싶었다 내가 기억해낸 것은, 그 여자의 야윈 팔과 어깻죽지였다

5

지옥을 빠져나오자 사막이 펼쳐져 있었다 사막에는 기름 묻은 쇳조각들이 널려 있었다

6

첫 번째 절름발이는 나를 비웃었다 두 번째 절름발이는 내게 앙심을 품었다 세 번째 절름발이는 나를 모른 척했다

7

어느 날 아침, 창녀가, 웨딩드레스를 입고 깔깔거리며 웃었다

8

시체들이 주렁주렁 매달려 있다.

고백

어제, 술집에서 막걸리를 마시다가
문득 이런 생각이 들었다
존재한다는 것 자체가 행복이라는…

나는 자살을 하기 위해 물속에 들어간 적이 있다
물에 빠진 나는, 순간적으로 살아야겠다는
생각이 들어 안간힘을 써서 물속을 빠져나왔다
쑥하고 물속에서 나올 때 내게 쏟아지던
여름날의 그 태양… 나는 내가 들어갔던
바닷물을 쳐다보고 싶지도 않았다

나는 오늘도 이렇게 살아서 수준 낮은 시라도
끄적거리고 있는 것이다.

조선대학교 82학번

대학 문학 서클「석혈」에서 만난 ㅈ은 운동권이 되었다 ㅈ은 수배 중에 〈수배일기〉 연작시를 〈OO과 XX〉에 발표하면서 시인이 되었다 ㅈ은 감옥도 갔다 오고 공장에서 일도 했다 ㅈ은 〈슬그머니〉라는 시집을 냈다

대학문학상에 시가 당선된 ㄱ은 서정시를 쓰는데, 교지에 황지우 시인의 시를 폄하하는 내용의 글을 실었다 ㄱ은 지방신문 신춘문예에 당선된 뒤 다시 〈△△문학〉을 통해 등단했다 ㄱ은 제목이 잘 기억나지 않는 시집을 두 권 냈다

두 시인과 나는 조선대학교 82학번이다.

눈물

저 눈물은, 웬만한 시보다 아름답다.

삶 2

파지를 주우러 다니는 노인네가 있는가 하면
소설이 써지지 않는다고 맨날 소주만
마시고 폐인이 되어버린 소설가가 있다.

나는 궁금하다

이십여 년 전, 나는 길을 걷다가
은행에 뛰어들어가 종이에
뭐라고 막 적었었다 지금은,
무슨 내용이었는지 도통 기억이 나질 않지만…

나는 궁금하다
그때, 젊은 날의 내 정신세계가
어떠했는지가…

은행잎

길을 걷고 있는데, 은행잎이 툭 하고
내 앞에 떨어졌다
나는 죽음을 목격한 것이다
나도 언젠가는 은행잎처럼
생을 마감하리라
살아 있는 동안 얼마나 많은 열매를
맺는가 하는 것은 순전히
내 몫일 것이다.

외로움의 깊이

만나고 싶지 않았다

만나야만 했다.

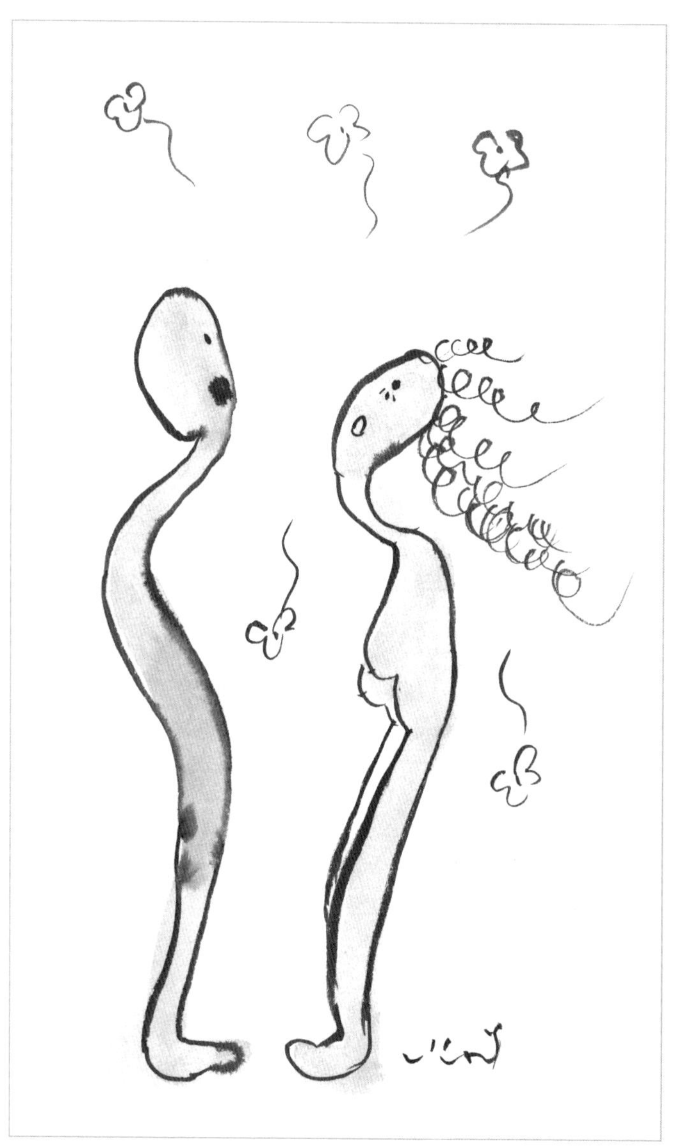

이런 밤

총천연색 슬픔들, 순식간에 사라지는
불빛, 불빛들… 책값과 술값,
나를 감시하는 CCTV, 절뚝거리는
사내를 바라보고 있는 플라타너스,

상가 셔터문을 발로 차며 고함을
지르는 이런 밤…

원래부터 있다?

사람들은 말한다
그이는 원래부터 있다고,

그게 말이 되는 소리인가?

죄에 대한 생각

커다란 개가 느닷없이 나타나
나를 향해 사정없이 짖어댔다
너무나 깜짝 놀란 나는, 복수에 찬
돌멩이를 집어 들었고 피신하는
개를 향해 던져버렸다

그 이후로, 개는 짖지를 않았다
자기 본분을 다할 수 없게 돼버린 것이다
나는 죄를 지은 것일까?

자화상 2

험한 몰골로 달려가는 트럭,

자화상 3

좁은 우리에 갇혀 울부짖으며
철망에 마구 몸을 부딪히는 맹견,

자화상 4

삶에 지친, 외롭고 피곤한 늑대,
새벽녘 달을 쳐다보는…

프로복싱에의 추억

과거, 최고의 인기 스포츠는 프로복싱이었다
나는 도장에 등록해서 다니기도 하고
지금은 발행되지 않는 〈펀치라인〉이라는
복싱잡지에 '슈퍼 챔피언들의 오산'
이라는 글을 보내 게재되기도 했다
헤비급의 최강자들이었던 무하마드 알리,
조지 포먼, 조 프레이저, 로베르토 듀란과
슈거 레이 레오나드의 세기의 대결,
우리나라의 홍수환, 토마스 헌즈,
아론 프라이어, 마이크 타이슨… 이런
전설적인 복서들의 이름을 떠올려보면서
프로복싱에의 추억에 젖어보는 것이다.

현실

노래 잘하는 사람에겐 삼억 원
시 잘 쓰는 사람에겐 일천만 원

이것이 현실이다.

제2부

봄처녀들

여성해방에 대하여

최근에, 담배 피우는 여성이 자주
눈에 띄는 것은, 그만큼 여성이
해방되었다는 것이다

내가 생각하는 여성해방이란
여성과 남성이 동등한 인격체로
대접받는 것이다.

봄처녀들

봄처녀들 돌아다닌다

화장을 하고
내가 꽃이라고

세상에 나만 한 꽃 없다고

봄처녀들 돌아다닌다.

화장실의 낙서들

"가난한 동네의 허름한 호프집에
들어갔다가, 화장품을 덕지덕지 바른
할머니와 못생긴 아줌마에게
성추행을 당했다 죽고 싶다"

"세상은 비정하다"

"집이 지겨우면 집을 나서면 되듯이
세상이 지겨워지면 세상을 떠날 수 있을까?"

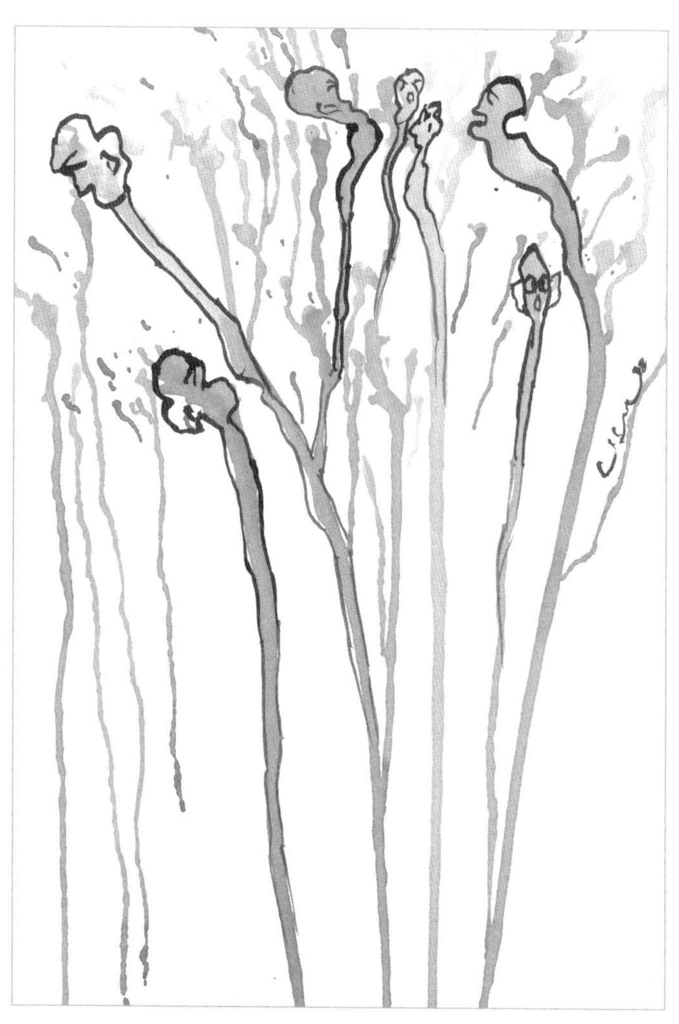

참외

여자는 차마, 참외를 먹지 못한다

냉정하고 야심에 찬 남자가
참외를 노리고 있다.

여자들 1

충장로 한복판에서 담배를 피우는
여자애들은 앞서가는 것이다

지하상가 입구에서 특정 종교의 유인물을
내미는 여학생들은 한심한 것이다

백화점 앞에서 설문조사를 한다며
접근하는 여자는 배가 고픈 것이다.

여자들 2

몸매가 잘빠진 서양 여자,

머리를 포도주색으로 물들인 아가씨,

레즈비언 냄새를 물씬 풍기며
지나가는 여학생들,

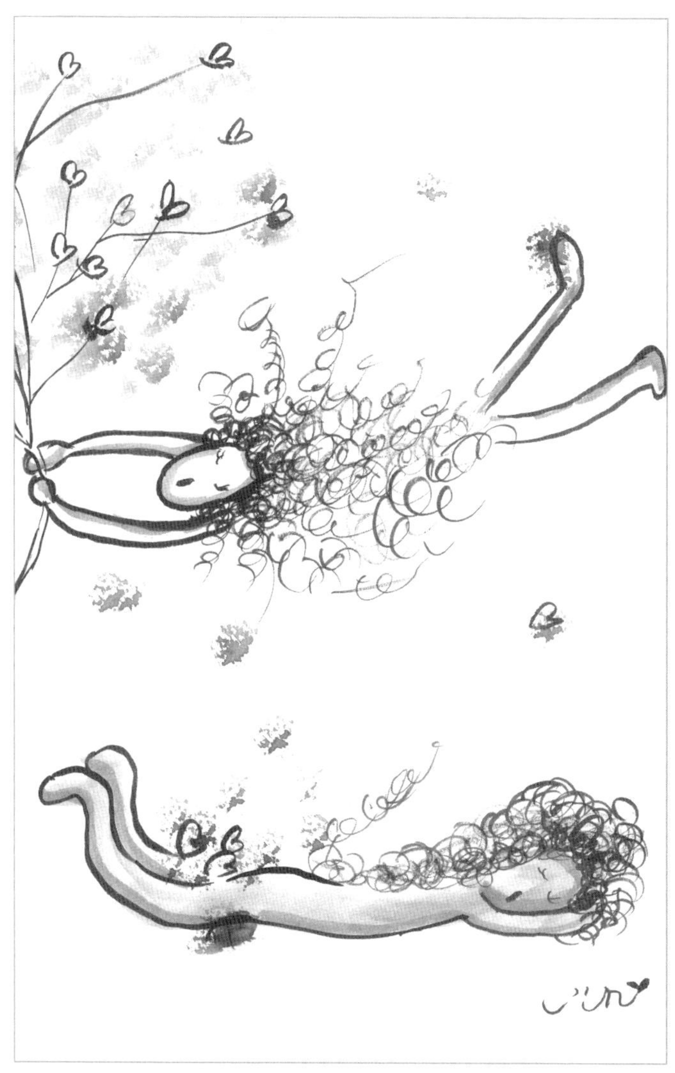

문신

그 여자의 어깨에는 앙증맞게도
〈?〉이라고, 진짜 문신이 새겨져 있었다

나는, 그녀가 전생에, 한 마리 새였을지도
모른다고 생각했다.

남자와 여자, 그리고 나

남자와 여자가 길거리에서 포옹하고
키스하고 좋아죽는다 그리고 몇 개월 후,
남자는 그냥 서 있고 여자는 울고 있다
여자가 갑자기 남자의 뺨을 후려갈기고
남자는 뻔뻔스럽게 낙태를 요구한다

나는 고속버스 터미널에 앉아
탈영범을 잡으러 온 헌병들을 구경하면서
지루하기 짝이 없는 날들을 견뎌내고 있었다.

장맛비, 영화

도시가 촉촉이 젖어 있었다
배꼽티를 입은 여자가 지나갔다

영화의 배경은 겨울이었다
황량했다 냉정한 킬러에게,
주인공이 총에 맞아 죽으면서
영화는 끝났다 주인공이 담배를
피우던 장면만이 살아남았다.

빨간 물과 노란 물

머릿속에 빨간 물이 든 계집애 둘이
알몸으로 뒤엉켜 정신을 못 차린다

어느새 노란 물이 되어버린 빨간 물.

비 오는 날

그칠 줄 모르고 비는 내리고
사람들은 백화점 처마 밑에서 담배를 피운다

제법 섹시한 여자가 나타났는데
어떤 남자가 우산을 받쳐 들고 와서
여자의 허리를 감싸 안고 빗속으로 사라져 버렸다.

포르노가 된 기억

1
군부대에 위문 공연 온 여가수가 말했다

“야, 너희들 좆 꼴리지? 나 보면서,
 전부 자지 꺼내서 딸딸이 처부러!”라고,

2
승용차 앞좌석에 어떤 여자애가
몸을 비비 꼬고 누워, 운전을 하고 있는
남자애의 성기를 움켜쥐고 있었다

오후였다.

문학과 섹스

내게, 장미꽃 한 송이만 사달라고 한
여자애와 내게, 무려 스무 장이 넘는
편지를 보내고 감기약을 사준 여자애,
둘은 서로의 육체를 탐닉하다가
대학을 졸업한 후에 담배를 배웠다

내 생일날, 그녀들이 내게 사준 볼펜과
원고지는 지금도 내 기억 속에 남아 있는데…

근황 2

성욕과 에헤라 잡것들이 나를
가지고 노는구나!

슬픔에 대하여

영화 〈모나리자〉에 나오는 창녀가
“아이스크림밖에 못 먹어요”라고
말할 때 나는 그냥 슬펐다.

봄날의 착각

지는 벚꽃인 줄 알았더니
한 마리 나비더라.

제3부

지나간 사람들

어느 날 아침, K

어느 날 아침, K는, 학습지 교사 시절,
자신을 좋아하던 아이들에게,
한마디 말도 없이 회사를 그만두어 버린 것을
기억해내고는, 심한 죄책감에 휩싸였다.

지나간 사람들

내게 발길질을 해대던 본부장은
퇴직하고 이 사업 저 사업 벌이다가
다 말아먹었다

틈만 나면, 내게 모욕을 주던 지점장은
위암에 걸려 죽었다

나를 지능적으로 괴롭히던 관리과장은
회사에서 짤린 뒤, 머리가 살짝 돌아버렸다.

옛날, 이발소에서

지금은 다들 미용실에서 머리를 자르지만
옛날에는 이발소에서 머리를 잘랐다
라디오에서는 정치 얘기가 흘러나오고,
그러면 이발사와 손님들이 한마디씩
하는 것이었다

"이런 미친놈들이 또 지랄하고 있다"고…

두 남자

두 남자가 걷는다

“이쪽 길이 더 빨라”
한 남자가 말한다
“저쪽 길이 더 재미있어”
다른 남자가 말한다

두 남자가 걷는다.

더러운 새끼들

칫! 더러운 새끼들…

내가 공직생활 할 때만 해도
잘도 달라붙던 녀석들이
실직하고 호구지책으로 물건 좀 사달라고
찾아갔더니 슬슬 피하고 상대도 안 해준다

칫! 더러운 새끼들…

우루루…

아침, 지하철을 타면 건강식품 회사에
다니는 아줌마, 할머니들이 우루루…

어딘가 출근을 하고 무엇인가 일을 한다는
기쁨을 얻기 위해 오늘도 건강식품을 사 나르는
아줌마, 할머니들이 우루루…

〈롤러스케이트를 타는 오뚝이*〉처럼

퀭한 두 눈으로 사진을 찍고
새로운 사업을 시작하는 저 사내,
그동안 얼마나 많은 상처를 입고
험한 다리를 건너왔던가?
이번에는 반드시 성공해야 할 텐데…
사내도 내심 불안하고 초조하다
마치 〈롤러스케이트를 타는 오뚝이〉처럼…

* 롤러스케이트를 타는 오뚝이 : 필자가 어렸을 때 보았던 연극 제목.

창녀가 받은 전화

대금은 이십만 원이에요, 맘에 들면 깎아드릴 수도
있구요, 네? 뭐라구요? 할 테니까 나중에
건물 옥상에서 떠밀어달라구요? 그건 안 돼요,
네? 결혼할 의향이 있냐구요? 그럼 일단 만나서
얘기해 보도록 하죠,

정신장애 3급의 남자가 건 전화

거기 정신병원이죠? 저는 정신병자인데요
거기 들어가고 싶어서요, 하루 세끼 밥 먹고
살고 싶어서요, 당장 짐 싸서 오라구요?
네, 네, 정말 감사합니다.

흉측한 얼굴

당신이야, 병신이 되건 말건
죽어나가든 말든, 나만 돈 벌면
그만이라던 그 얼굴, 흉측한 얼굴…

악을 쓰고 있었다

대형 마트 앞 광장에서 동남아시아계의
여자가 아이의 손을 잡고 서서 악을 쓰고 있었다
한국인 남편이 둘을 버리고 가버린 것일까?
아무튼 여자는 알아들을 수 없는 말로
악을 쓰고 있었다.

전화가 왔다

오랫동안 연락을 하지 않고 지내던
J 선배에게서 전화가 왔다
손해보험 대리점을 차렸다며
언제 밥 한 끼 같이하자고 한다
그러나 어쩌랴, 나는 J 선배를 도와줄 만한
인맥도 없고 능력도 없는 것을…

전화를 끊고 나서 나는 알았다
이것으로, J 선배와 나의 인연이 끝났음을,

내가 왜 당신과 살아?

그들 부부는 카드 회사 대리점을 하고 있었다
사소한 말다툼 끝에 여자가 물건을 집어던졌다
분이 덜 풀린 여자는 책상 위에 있던
물건들을 쓸어버렸다 남자는 벽에 걸려 있던
평소에 아끼던 '징'을 내동댕이쳤다
여자가 멈칫하자 남자가 소리쳤다

"내가 왜 당신과 살아? 어?
왜 내가 당신과 사냐고?"

사업가 S

S는 번화가에 옷집을 차렸다
여자애와 남자애들을 고용해서
패션쇼까지 벌였다 그러나
사람들은 쇼만 구경할 뿐 옷을
사지 않았다 S는 망했다 S는
남은 돈으로 가방을 떼어다가
길거리에 늘어놓고 앉아 있었다
눈빛이 죽어 있었다 사람들이 그를
흘끔거리며 지나갔다 거지가 되기
일보 직전이었다.

새벽 풍경

연인인지 부부인지 모를 젊은 남자와
여자가 포장마차를 하고 있었다
손님이 뜸한 새벽시간대, 갑자기
여자가 남자의 뺨을 후려갈기며 말했다

"네가 할 줄 아는 게 뭐냐? 어?
 술이나 홀짝홀짝 마실 줄 알지"

남자는 창백한 얼굴로 찍소리도 못하고
서 있었다.

어느 날 오후

청년이, 공원 한복판에서
"나, 주님 품에 안겼네"라고
노래 부르며 어깨춤을 추고 있다

지하철에서는 흰 장갑을 낀
중년의 사내가 "할렐루야"라고
중얼거리며 돌아다니고 있다.

제4부

신념에 대하여

왜 나는 그래야만 했던 것일까?

억수같이 비가 쏟아지던 날, 나는
대규모 신축 공사장에 서 있었다
멈춰 있는 굴삭기와 쌓아놓은 자재들,
파헤쳐진 땅과 세워진 철근 골조물,
그 작업의 흔적들을 바라보면서 나는
서 있었다

왜 나는 그래야만 했던 것일까?
장대비가 쏟아지던 날에,

신념에 대하여

어떤 때는, 잘못된 신념이라도
가지고 있는 사람들이, 아무런 할 일도
없이 술이나 마시는 나 같은 사람보다
더 행복한 게 아닐까 하는, 그런 생각까지 든다.

겉과 속

겉이 추해도
속이 아름다운 경우가 종종 있다

겉이 아름다워도
속이 추한 경우가 종종 있다.

인생 1

아침은 언제나 무거운 발걸음으로
내게 온다 넥타이를 매면서부터
인생은 힘들어지기 시작했다

길거리에서 부식 가게를 하고 있는
내 나이 또래의 사람을 본다
그래도, 힘들어도, 죽지 않고
악착같이 살아가는 사람들이
아름답게 보이지 않는가?

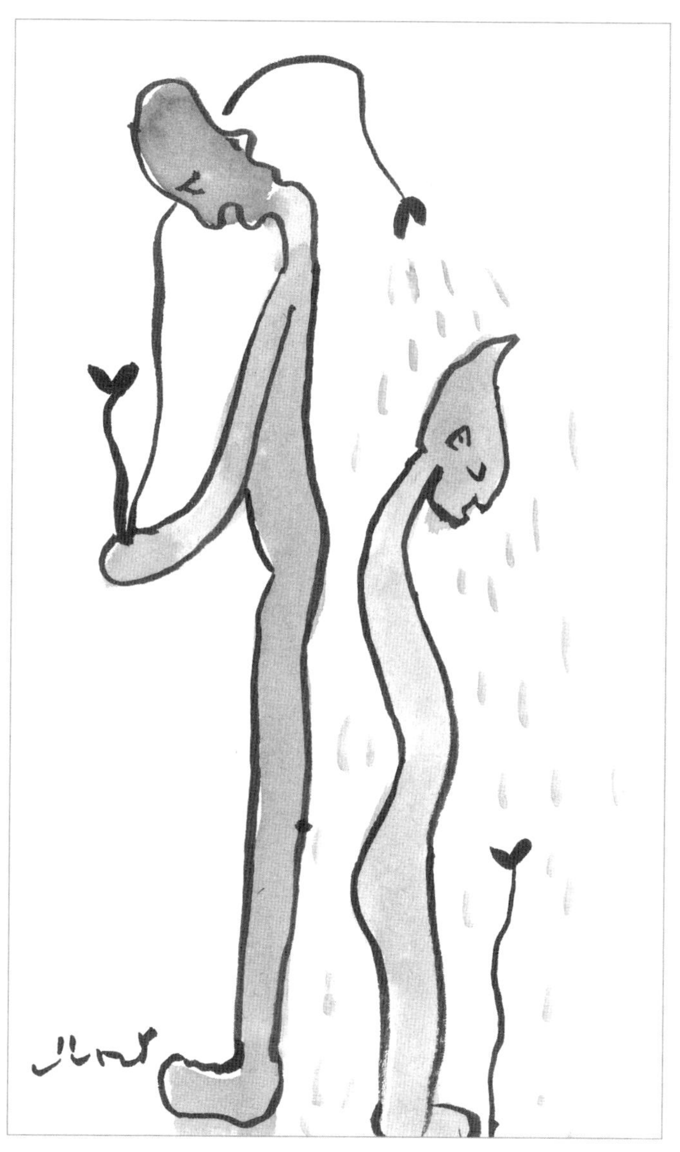

인생 2

누군가의 토사물,
버려진 약봉지,

나는, 맵고 짠 음식을 먹지 말라는
의사의 말을 듣고 집에 돌아와
라면을 끓여 먹는다.

겨울, 결혼식장

만나고 싶지 않은 사람들과 만나고
싶었던 사람들이 뒤섞여 반갑다고
악수를 나누는, 하객들로 북적대는
겨울, 결혼식장

어렵사리 직장을 구한 남자와 여자가
결혼식을 올리는 것을 구경한 뒤
정신없이 식사를 하고 흩어지는 하객들

나는, 겨울, 결혼식장을 나와 걷다가
폐쇄된 공장 뒷마당에 쇠사슬에 묶인 채
배고픔과 추위에 덜덜 떨고 있는 두 마리
앙상하게 야윈 개들을 보았다 개들은
나를 보고 조금 짖더니 내가 담배를 피워 물자
조용히 나를 응시했다 아, 내가 저 개들 중의
하나가 아니고 겨울, 결혼식장의 하객이라는 사실,
이것 참 다행스러운 일이 아니고 뭐란 말인가?

할머니

어린 시절, 나만 보면 할머니께서
하시던 말씀
"오메, 내 야 사람아"

백 원만 달라고 보채는 내게
모아놓은 돈을 건네주시며 하시던 말씀
"언제는 언젤라디야"

할머니……

몸보다 마음이 더

십여 년 전 겨울, 내가 살던 동네
골목길에서 벌어졌던 꼬마와의 눈싸움,
그 짧았던 순간의 행복을 나는 다시
만나지 못할 것이다

나의 몸보다 마음이 더 늙어버렸기
때문이다 하얗게 서리가 내린
머리와 튀어나온 배보다도 더!

복도

소주 냄새가 진동하고
담배 연기가 자욱한 복도,

나는 복도를 혐오한다.

검은 사내

검은 옷을 입은 검은 표정의 사내가
검은 책을 읽고 검은 영화와 연극을 보고
검은 사진을 찍고 검은 그림을 보고
검은 음악을 듣고 검은 아파트로
검은 방으로 들어간다 검은 대낮,
사내는 검다.

서점에서

책을 읽고 있는 꼬마 숙녀의 모습은
정말 예뻤다.

눈빛과 연애

남자와 여자의 눈빛이 부딪혔다
둘 다 눈빛이 살아 있었다
하지만, 둘 다 닳아빠질대로
닳아빠진 사람들…

둘은 연애할 수 없었다.

모임에 다녀와서

나는 왠지, 그 사람들이 싫었다

사람이 사람에게 가한 폭력보다도
사람의 내면에 잠재되어 있는 폭력성이
더 큰 문제라고 나는 생각했다.

개와 고양이 1

저기 저 사람, 목줄에 묶여 짖어대면서
날뛰는 개 꼴이지 뭔가?

나, 배가 고프더라도 자유롭게 어슬렁거리며
혼자 있기 좋아하는 고양이 꼴이지 뭔가?

개와 고양이 2

개에게는 이빨이 있다
나는 그 이빨에 물린 적이 있다

고양이에게는 발톱이 있다
화가 나면 긁기도 하지만
보통 때는 그냥 호기심에 툭툭 치면서
장난을 친다

나는 이빨보다 발톱이 더 마음에 든다.

만남과 헤어짐

카드 영업할 때 알게 되어
십여 년간 만나온 사람,

시답지 않은 농담이나 지껄여대고
유치한 장난질이나 쳐대던 환갑 지난 사람,

유일한 벗이었던 그 사람과 헤어지게 된 것은
순전히, 남을 피곤하게 만드는 그 사람의
성격 탓이었다.

어둠 속에서

어둠 속에서 발자국 소리만이 들린다
그 모든 것들이 흘러가고…

어둠 속에서,

대조적인 풍경

낮에, 뭐라고 떠들어대고 있는
정치인의 뒤통수를 보고
밤에, 하늘에 떠 있는
달과 별을 보았다

참으로 대조적인 풍경이
아닐 수 없다.

제5부

너희들에게

흡혈귀

토요일 오후, 나는 흡혈귀에게서
걸려온 전화를 받는다

“여보세요? 당신의 피를 남김없이
빨아먹고 싶은데 가능한가요?”

나는 일언지하에 거절하고 밖으로 나간다
지하도에서 만난 여자 거지에게
나는 속으로 묻는다

“당신 혹시, 흡혈귀에게 당하셨나요?”

흡혈귀는 일요일 아침, 교회에서 예배를 볼 것이다.

초록

안갯속에 서 있는 초록색,

초록을 사랑하시던 아버지,
초록을 닮은 어머니,

나는, 나이 오십이 넘어서야 초록을
이해하게 되었다.

너희들에게

너희들이 아가씨 끼고 양주 마실 때
나는, 삼겹살에 소주잔 기울이며
땀 뻘뻘 흘렸다

너희들이 상사 비위 맞추며 살살거릴 때
나는 큰소리 뻥뻥 쳐댔다

너희들이 극기훈련 한다고 산에 올라가
북적거리는 인파 속에서 악수를 나눌 때
나는 한적한 시골길을 여유롭게 걸었다

나는 이제, 너희들과 다른 길을 걷고 있다.

고양이처럼

밤에 길을 걷다가, 화단에 올라 앉아 있는
고양이를 보았다 내가 쭈그리고 앉아
눈높이를 맞추자, 화단에서 내려와
내 무릎 사이로 파고들어 얼굴을 부빈다
어라, 사람 손을 좀 탔나?

고양이는 얌전한 동물이다 자유와 평화를
원한다 그렇지만 조심하자! 나도 고양이처럼
화가 나면, 꼬리를 세우고 발톱으로
확 할퀴어버리는 수가 있으니까…

어느 날

어떤 중늙은이가, 소주병들을
차도에 내던져 박살내고 있었다.

나쁜 사람 2

월급날, 필리핀 사내의 목을 때리며
“네가 여기서 일했어? 언제 일했어?”
라고 윽박지르는 공장 주인,

몸이 아파, 기숙사에 머물며
월급날을 기다리고 있는 중국 아가씨에게
“돈은 중국으로 부쳐주겠다”고
거짓말을 하며 떠날 것을 종용하는 공장 총무,

도둑놈에게

아니 글쎄, 받지도 않은 전화를
받았다고 할 이유가 뭐가 있겠어?

뭐? 심경이 참담하다니까
참담할 거라고?

에라, 이, 도둑놈아!

어떤 감옥

그 감옥은, 움직일 수도 없고 숨조차
제대로 쉴 수 없는 그런 곳이라고 한다
흉측한 형상을 한 괴물이
감옥을 지키고 있고 죄수들은 겨우
곁눈질을 해서 그 괴물을 쳐다본다고 한다.

채찍과 당근

말의 주인은
시들어빠진 당근만 주고
채찍질은 더 심하게 해댔다

말은 마굿간을 뛰쳐나가
어딘가로 사라져버렸다.

거지 2

동네 구멍가게에서 막걸리를 산 거지가
한입에 그걸 다 마셔버리더니
전봇대 앞 공터에서 막걸리 병을 버리고
그 위에 오줌을 갈겨댔다.

거지 3

지난여름, 웃통을 벗고 매력적인 갈색
상반신을 드러낸 채 건물 입구에
드러누워 지내던 거지가, 겨울이 되자,
맞지도 않는 옷을 주워입고
덜덜 떨면서 사라져 버렸다.

아침부터

아침부터 소주를 마시는 사내,
왜 내 인생은 이렇게 별 볼 일 없냐고
왜 나는 이렇게 못났냐고
왜 근로자 대기소에 나가도 일을
안 내보내주냐고

아침부터 소주를 마시는 사내,

무제 6

외로움이 모여 괴로움의 강을 만든다
열린 꽃잔치 속에 신음하는 영혼들…

무제 7

하늘은 저렇게 파랗고 평화롭기만 한데
세상은 왜 이렇게 복잡하고 힘든 것일까?

무제 8

절에서, 요란한 팝 음악을 틀어놓고
부처님 오신 날, 공연장에 살을 드러낸
아가씨들이 춤을 추고
스님이 돈가스를 드시고,

나는 이것을 어떻게 받아들여야 하는가?

고양이들

자동차 밑을 어슬렁거리는 고양이들,

개처럼 사람을 따르는 것이 아니라
사람을 경계하고 피해다니는 고양이들

나는 왜 개보다 고양이에게 더 끌리는 것일까?

삶 3

여기저기서 먹고 살게 해달라고
아우성이다

사방에서 나 좀 알아달라고
야단법석이다.

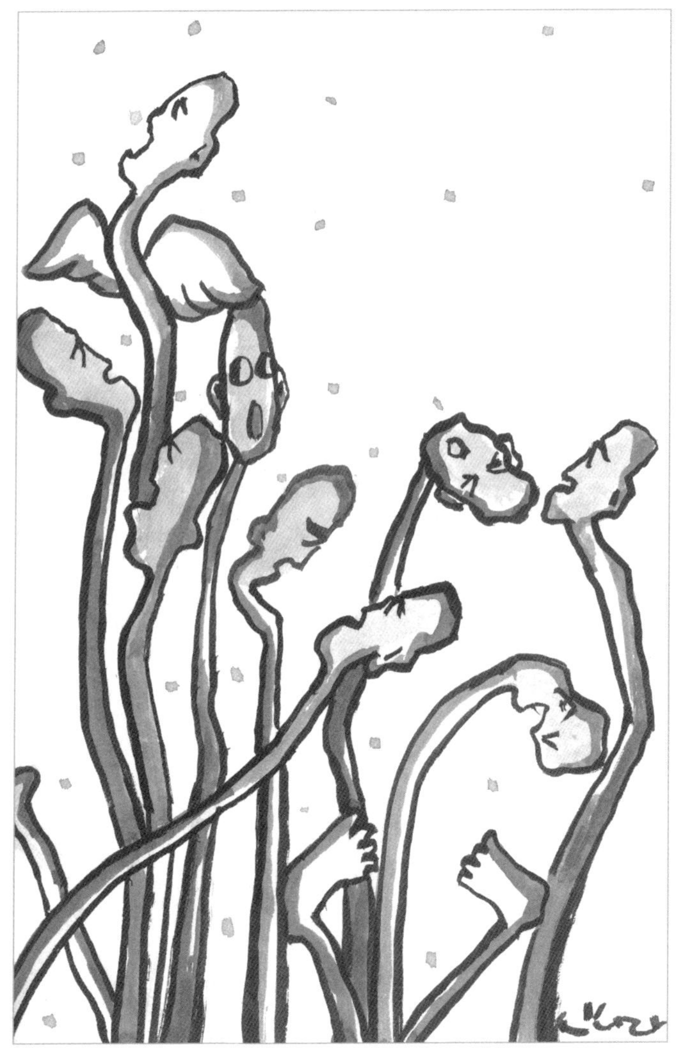

하늘

멍하니 바라보는, 무한천공이여…

Gallery

오 진

김서연

Profile

화가 오 진

호남대학교 미술학과 졸업. 한국화대전, 무등미술대전 등 수상. 개인전 13회, 초대 개인전 23회, 단체전 150회 이상. 아트미션, 신세계백화점 강사. 오병훈 시집 『텅 빈 객석에서 바라보는 텅 빈 무대』 표지, 삽화 작업. 홍진표 시집 『그리움으로 별이 뜨는 밤』 표지 작업. 2015 세진 캘린더 제작. 2017 ING생명 캘린더 제작. 2018 예성 캘린더 제작. jkkball@hanmail.net

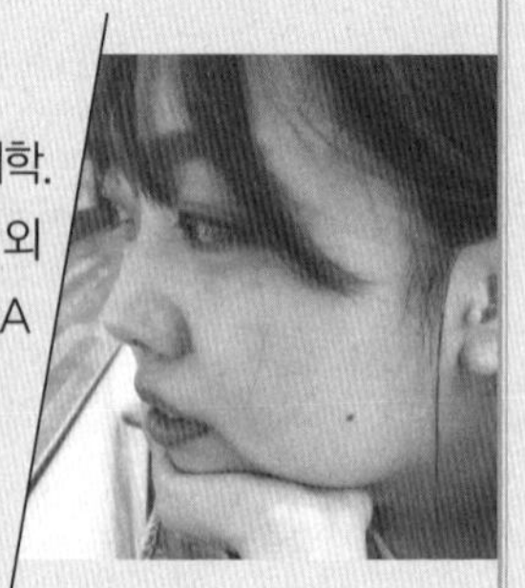

세종대학교 일반대학원 회화과(서양화 전공) 재학. 개인전 2015 LONESOME 미추홀학교갤러리 외 4회, 단체전 2016 대안공간 눈 project ZEBRA 외 10회. artwin02@naver.com

화가 김 서 연

또 그렇게 눈이 오네 100호 / 2017

▍반짝거리는 모든 것들 100호 / 2016

02

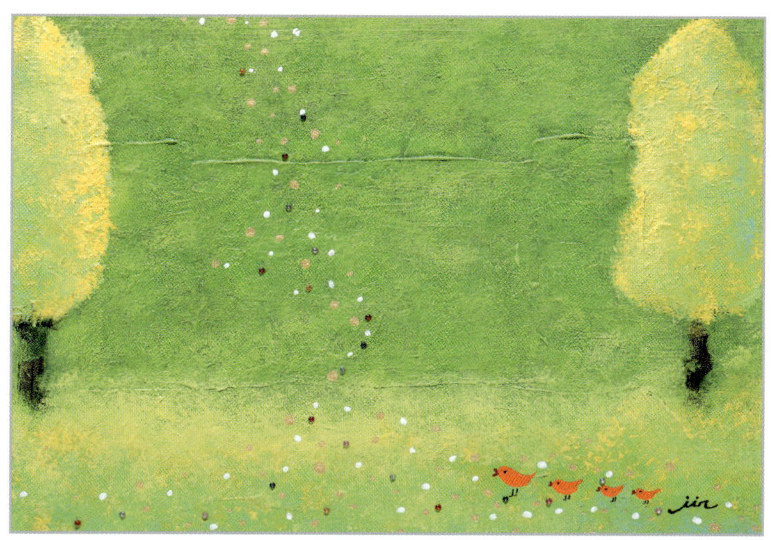

따뜻한 사랑 캔버스에 아크릴 / 41X53㎝ / 2010

보호하심 41×60.6㎝ / 2012

▌영원한 사랑 100호 / 2013

▌쉬어가다 캔버스에 아크릴 / 53×45.4㎝ / 2014

영원한 사랑 100호 / 2014

반짝거리는 모든 것들 30호 / 2016

Joyful 10호 / 2016

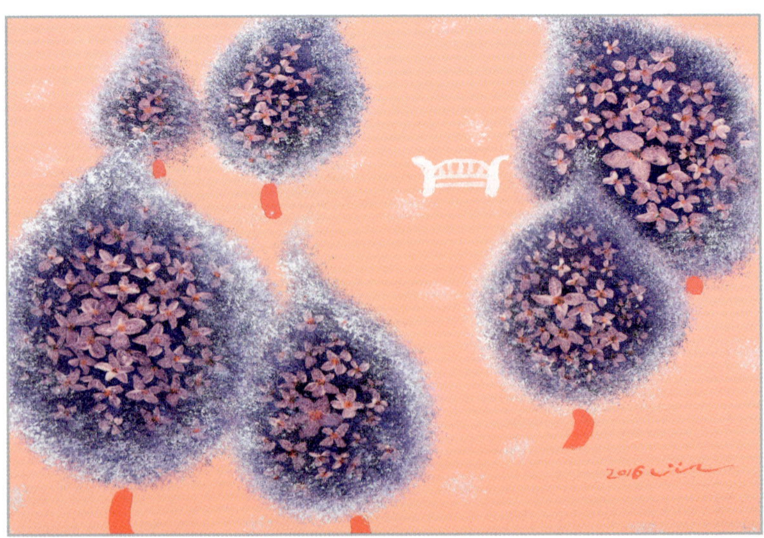

Rest 캔버스에 아크릴 / 41×32㎝ / 2016

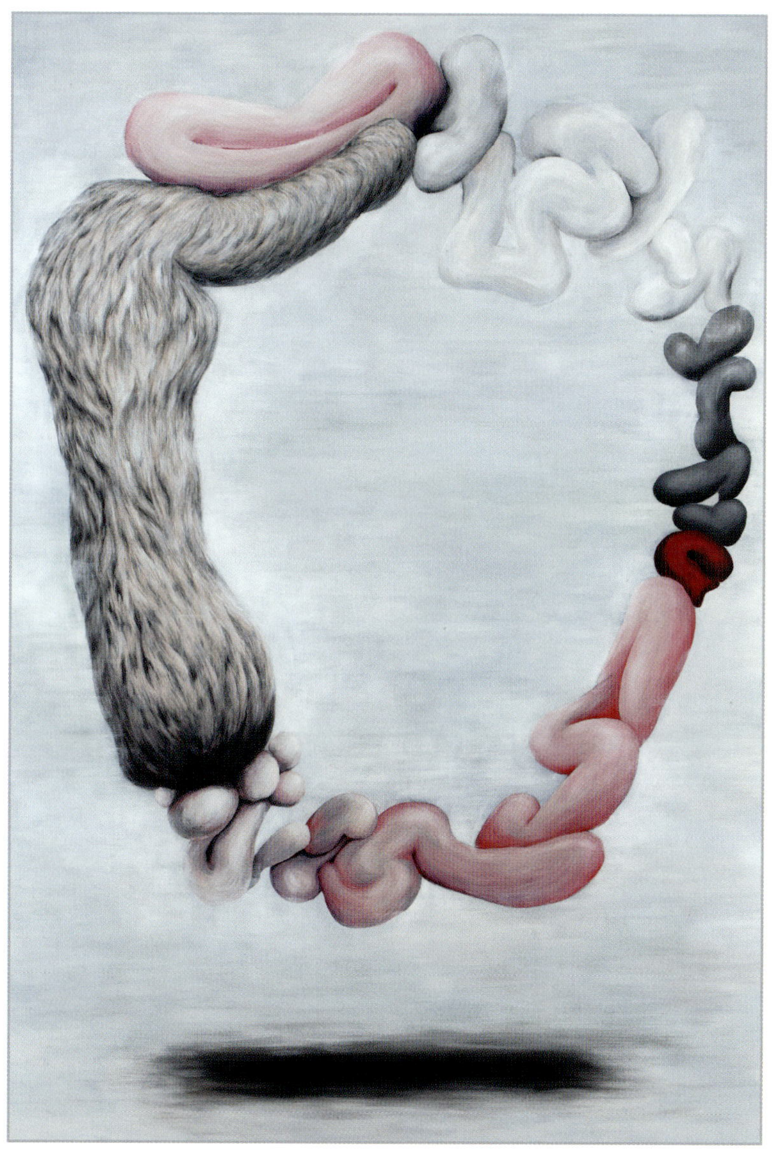

부조리한 것들에서의 적응기 캔버스에 아크릴 / 160.2×112㎝ / 2016

▌Confine 캔버스에 아크릴 / 30×26㎝ / 2015

02

Turn away 캔버스에 아크릴 / 41×32㎝ / 2015

Lonesome 0.1 캔버스에 아크릴 / 41×32㎝ / 2015

Lonesome 0.3 캔버스에 유채 / 40.9×53㎝ / 2015

동일한 속성이 숨 쉬는 일 캔버스에 아크릴 / 72.7×90.9㎝ / 2016

06

▌그것을 잊기까지 New Ver 혼합매체 / 가변설치 / 2016

다시 느낄 수 있다면 캔버스에 아크릴 / 116.8×91㎝ / 2015

08

달콤함이 누군가에게는 쓸쓸함으로 캔버스에 아크릴 / 116.8×80.3㎝ / 2014

당신이 나를 외면할지라도 캔버스에 아크릴 / 90×90㎝ / 2014